Αυτό το βιβλίο ανήκει στ...

Ελισάβετ.

ORIGINALLY PUBLISHED IN 2010 BY GOLDEN BOOKS, AN IMPRINT OF RANDOM HOUSE CHILDREN'S BOOKS, U.S.

PUBLISHED BY COSTAS A. GIANNIKOS FOR MODERN TIMES S.A. • 1, G. PAPANDREOU ST., 166 73 VOULA, ATHENS, GREECE.
ΓΙΑ ΤΗΝ ΕΛΛΗΝΙΚΗ ΕΚΔΟΣΗ © 2010 MODERN TIMES A.E.E. • ISBN: 978-960-691-925-1 • ΟΚΤΩΒΡΙΟΣ 2010

ΕΚΔΟΤΗΣ: ΚΩΣΤΑΣ Α. ΓΙΑΝΝΙΚΟΣ

ΜΕΤΑΦΡΑΣΗ ΚΑΙ ΠΡΟΣΑΡΜΟΓΗ ΚΕΙΜΕΝΟΥ: ΠΑΜΕΛΑ ΛΥΤΡΑ • ΕΠΙΜΕΛΕΙΑ ΚΕΙΜΕΝΟΥ: ΜΙΡΕΛΛΑ ΚΑΠΡΑΛΟΥ
ΔΗΜΙΟΥΡΓΙΚΟ: ΝΕΛΛΥ ΒΑΣΙΛΕΙΟΥ • ΥΠΕΥΘΥΝΟΣ ΠΑΡΑΓΩΓΗΣ: ΛΙΝΟΣ ΚΑΜΣΗΣ • ΠΑΡΑΓΩΓΗ: ΣΠΥΡΟΣ ΚΑΜΣΗΣ
ΕΚΤΥΠΩΣΗ: ΤΥΠΟΕΚΔΟΤΙΚΗ Α.Ε.• ΒΙΒΛΙΟΔΕΣΙΑ: Ι. ΜΑΝΤΗΣ & ΥΙΟΙ Ε.Ε.

MODERN TIMES A.E.E., Γ. ΠΑΠΑΝΔΡΕΟΥ 1, 166 73 ΒΟΥΛΑ, ΑΘΗΝΑ. ΤΗΛ.: 210 96 59 904-5, FAX.: 210 89 92 101

Barbie™ Η Βασίλισσα της Μόδας

Κείμενο: Meika Hashimoto
Βασισμένο στο σενάριο της Elise Allen
Εικονογράφηση: Dynamo Limited

Ευχαριστούμε τους Vicki Jaeger, Monica Okazaki, Kathleen Warner, Emily Kelly, Sarah Quesenberry, Carla Alford, Julia Phelps, Tanya Mann, Rob Hudnut, Shelley Dvi-Vardhana, Michelle Cogan, Greg Winters, Taia Morley και Dynamo Limited.

Modern Times

Εκείνη την περίοδο, η Barbie βρισκόταν στο Χόλιγουντ για τα γυρίσματα της καινούριας της ταινίας. Ήταν πολύ ευτυχισμένη. Έκανε μια δουλειά που της άρεσε πολύ και είχε δίπλα της τους αγαπημένους της φίλους. Ώσπου μια μέρα, διαφώνησε με το σκηνοθέτη κι έχασε τη δουλειά της. Γι' αυτό αποφάσισε να επισκεφθεί τη θεία της τη Μίλισεντ στο Παρίσι.

Η Barbie ανυπομονούσε να δει τη θεία της! Η Μίλισεντ ήταν σχεδιά-στρια μόδας και είχε το ατελιέ της στο Παρίσι. Είχε πρωτότυπες ιδέες, δημιουργική φαντασία και σχεδίαζε καταπληκτικά φορέματα. Την ώρα που το αεροπλάνο προσγειωνόταν, η Barbie έδειξε τον Πύργο του Άιφελ στη Σεκίν, το αγαπημένο της κανίς, και ήταν σίγουρη πως θα περνούσε υπέροχα στο Παρίσι, την πόλη της μόδας και του στυλ!

Jacqueline

Όταν όμως έφτασε στο ατελιέ, την περίμενε μια δυσάρεστη έκπληξη. Τα φώτα ήταν σβηστά και η βιτρίνα άδεια. Η Barbie μπήκε διστακτικά.
«Barbie! Πόσο χαίρομαι που σε βλέπω!» είπε η θεία Μίλισεντ κι αγκάλιασε την ανιψιά της. Εκεί ήταν και η Άλις, μια νέα σχεδιάστρια και βοηθός της Μίλισεντ.

Η Άλις εξήγησε στην Barbie πως μια κακιά σχεδιάστρια, η Ζακλίν, είχε κλέψει τα σχέδια της θείας της. Έτσι, η Μίλισεντ δεν είχε ρούχα να πουλήσει, δεν έβγαζε χρήματα και γι' αυτό είχε αποφασίσει να κλείσει το ατελιέ. Η Μίλισεντ ήταν πολύ στενοχωρημένη. Σκεφτόταν μάλιστα ν' ανοίξει ένα μαγαζί όπου θα πουλούσε χοτ ντογκ.

Αυτό το μέρος το θυμάμαι γεμάτο λάμψη!» σκέφτηκε η Barbie. Ξαφνικά, η Άλις είχε μια ιδέα! Οδήγησε γρήγορα την Barbie σε μια παλιά ντουλάπα στη σοφίτα. «Το πρώτο ατελιέ του Παρισιού βρισκόταν σε αυτό το κτίριο», της εξήγησε. «Λέγεται μάλιστα ότι μέσα σε αυτή την ντουλάπα ζούσαν νεραϊδούλες που βοηθούσαν τους σχεδιαστές». Χωρίς δεύτερη σκέψη, τα δύο κορίτσια άνοιξαν την ντουλάπα και βρήκαν ένα ποίημα.

Η Άλις τοποθέτησε ένα από τα φορέματα που είχε σχεδιάσει μέσα στην ντουλάπα και η Barbie διάβασε δυνατά το ποίημα. Αμέσως, η ντουλάπα έλαμψε! Τότε εμφανίστηκαν οι Φλέρις: η Γκλίμερ, η Σίμερ και η Σάιν! Οι νεραϊδούλες μεταμόρφωσαν το φόρεμα και το έκαναν ακόμη πιο φανταχτερό!

«Οι μαγικές δυνάμεις μας πιάνουν μόνο σε ρούχα που μας εμπνέουν!» είπαν οι Φλέρις, εντυπωσιάζοντας την Barbie και την Άλις.

Έπειτα από λίγο, μια κυρία μπήκε στο ατελιέ κι ενθουσιάστηκε μόλις είδε το φόρεμα.

«Πρέπει να το αποκτήσω!» είπε.

Τότε η Barbie σκέφτηκε πως αν η Άλις σχεδίαζε μια ολόκληρη κολεξιόν με τη βοήθεια των Φλέρις, τότε θα μπορούσαν να οργανώσουν μια ξεχωριστή επίδειξη μόδας κι έτσι η Μίλισεντ θα έβγαζε αρκετά χρήματα ώστε να κρατήσει το ατελιέ!

Η Barbie και η Άλις δούλευαν ώρες ατελείωτες σχεδιάζοντας εκπληκτικά φορέματα! Οι Φλέρις βοήθησαν χαρίζοντας λάμψη στα ρούχα. «Είμαι σίγουρη ότι θα έρθει πολύς κόσμος στην επίδειξη και όλοι θα θέλουν να αγοράσουν τις δημιουργίες μας», είπε η Barbie.

Στο μεταξύ, η Ζακλίν και η βοηθός της, η Ντελφίν, παρακολουθούσαν κρυφά τη Μίλισεντ. Έτσι ανακάλυψαν την ύπαρξη των Φλέρις.
«Πρέπει να τις κάνω δικές μου!» είπε η Ζακλίν και τις έκλεισε σε ένα κλουβί. Μάλιστα, τις διέταξε να μετατρέψουν τα άσχημα ρούχα της σε αστραφτερά φορέματα.
«Οι μαγικές δυνάμεις μας δε διαρκούν πολύ σε ρούχα που δε μας εμπνέουν», την προειδοποίησαν οι Φλέρις, αλλά η Ζακλίν δεν έδωσε σημασία.
Επιπλέον, οργάνωσε μια επίδειξη μόδας το ίδιο βράδυ με την επίδειξη της Μίλισεντ!

Την ίδια ώρα, στο ατελιέ της Μίλισεντ, η θεία της Barbie είχε εντυπωσιαστεί με τις δημιουργίες των δύο κοριτσιών. «Είστε πολύ τολμηρές και γενναίες. Κάνατε αυτό που πραγματικά θέλατε, χωρίς να σας επηρεάσει η γνώμη του κόσμου. Αυτό θα πει στυλ!»

Jacqueline's

Το βράδυ, η Σεκίν και τα ζωάκια της Μίλισεντ παρατήρησαν κάτι λάμψεις στο ατελιέ της Ζακλίν. Ήταν οι Φλέρις. Μόλις τα ζωάκια κατάλαβαν ότι η Γκλίμερ, η Σάιν και η Σίμερ κινδύνευε, έτρεξαν να τις σώσουν.

Στο μεταξύ, όλα ήταν έτοιμα για την επίδειξη μόδας της Μίλισεντ. Η Άλις είχε μεγάλη αγωνία αν θ’ άρεσαν τα ρούχα της στο κοινό. Η Barbie, από την άλλη, ήταν αγχωμένη γιατί ήταν η πρώτη φορά που θα εμφανιζόταν στην πασαρέλα. Ωστόσο, οι δύο φίλες έδιναν κουράγιο η μία στην άλλη πως όλα θα πάνε καλά!

Στην επίδειξη της Ζακλίν, τα μοντέλα περπατούσαν με χάρη πάνω στην πασαρέλα όταν, ξαφνικά, τα ρούχα άρχισαν να μετατρέπονται σε... κουρέλια! Οι μαγικές δυνάμεις των Φλέρις είχαν εξασθενήσει.

«Όχι!» φώναξε η Ζακλίν. «Δεν μπορεί να συμβαίνει αυτό!»

Οι θεατές έφυγαν απογοητευμένοι και πήγαν να παρακολουθήσουν την επίδειξη της Μίλισεντ.

Η Barbie πήρε μια βαθιά ανάσα και εμφανίστηκε στην πασαρέλα. Το κοινό χειροκροτούσε ενθουσιασμένο. Η Barbie έλαμπε! Στην παρουσίαση μάλιστα του τελευταίου ρούχου, οι Φλέρις έκαναν ακόμη πιο αστραφτερό το φόρεμα της Barbie.

Το κοινό λάτρεψε τις δημιουργίες των κοριτσιών και εντυπωσιάστηκε με την Barbie. Μόλις τελείωσε η επίδειξη, η Μίλισεντ δεν προλάβαινε τις παραγγελίες. Έτσι είχε τώρα αρκετά χρήματα, για να κρατήσει το ατελιέ.

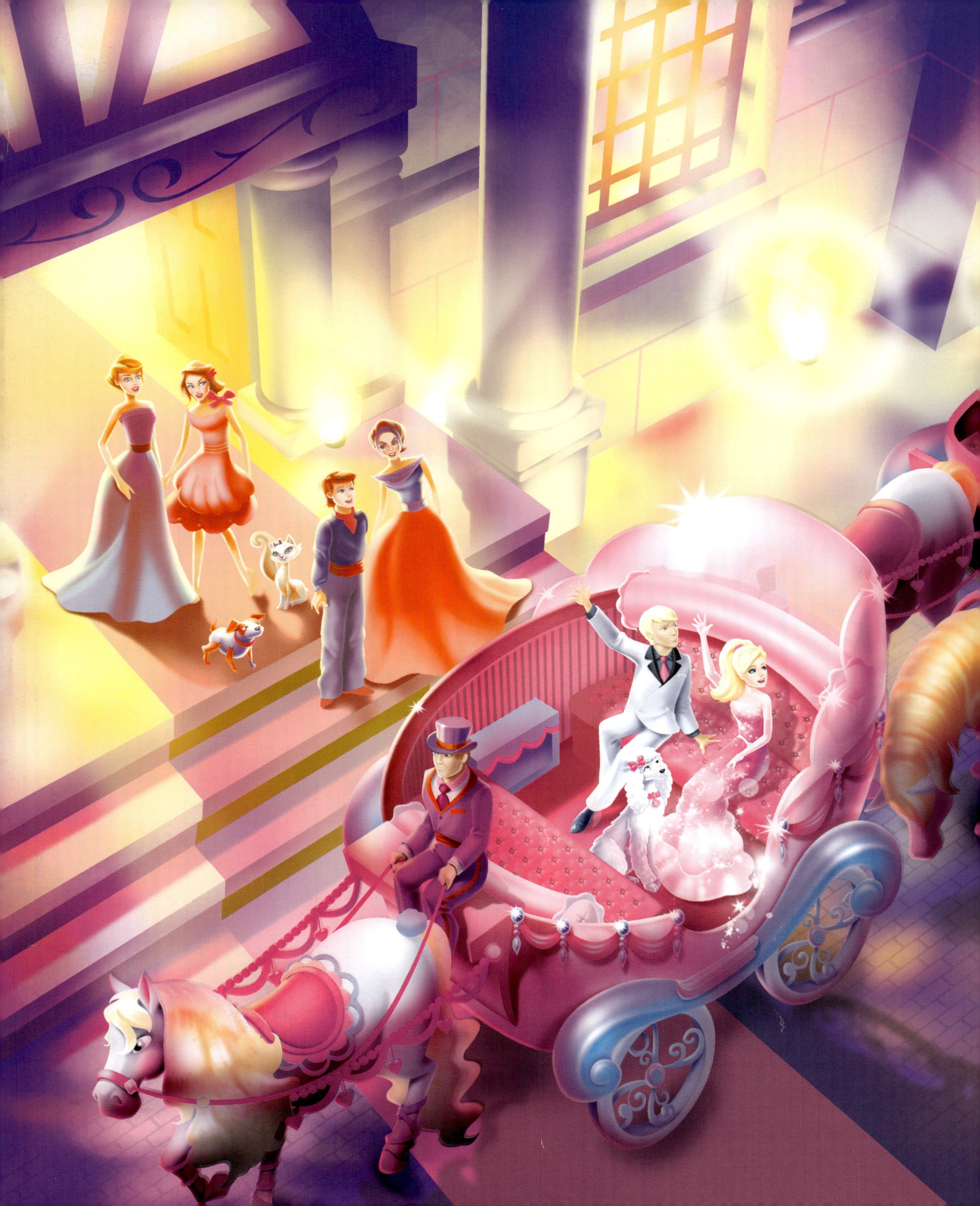

Τα καταφέραμε!» φώναξαν η Barbie, η Άλις και η θεία Μίλισεντ.
«Όταν πιστεύεις στον εαυτό σου, γίνονται θαύματα!» είπε η Άλις.
Στη συνέχεια, τα κορίτσια έφυγαν και αποχαιρέτησαν τις Φλέρις
που λαμπύριζαν μέσα στη νύχτα!

Barbie